Tomar fotos
desde el espacio

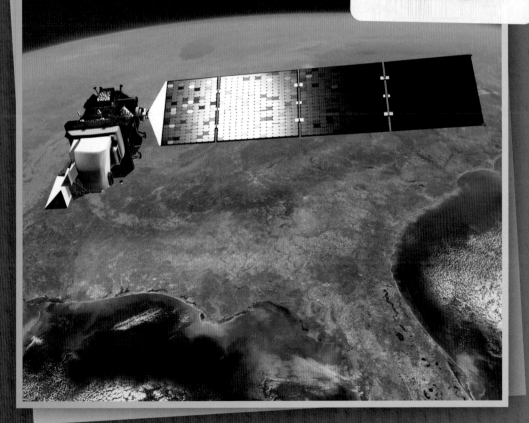

Rane Anderson

✳ Smithsonian

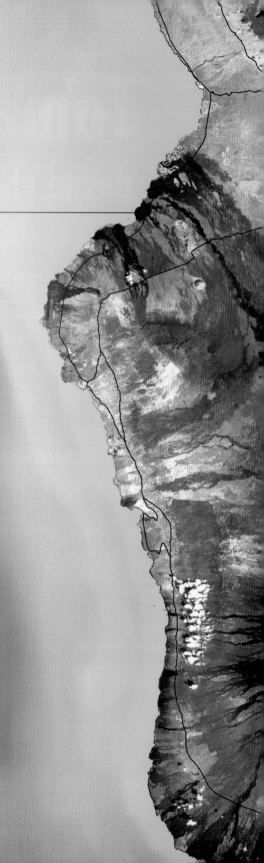

Autora contribuyente

Allison Duarte, M.A.

Asesoras

Tamieka Grizzle, Ed.D.
Instructora de laboratorio de CTIM de K–5
Escuela primaria Harmony Leland

Valerie Neal
Curadora y directora del Departamento de Historia Espacial
Smithsonian

Créditos de publicación

Rachelle Cracchiolo, M.S.Ed., *Editora comercial*
Conni Medina, M.A.Ed., *Redactora jefa*
Diana Kenney, M.A.Ed., NBCT, *Directora de contenido*
Véronique Bos, *Directora creativa*
Robin Erickson, *Directora de arte*
Seth Rogers, *Editor*
Caroline Gasca, M.S.Ed., *Editora superior*
Mindy Duits, *Diseñadora gráfica superior*
Walter Mladina, *Investigador de fotografía*
Smithsonian Science Education Center

Créditos de imágenes: portada, pág.1, págs.4–5 (todas), pág.7 (recuadro), pág.10 (derecha), pág.13 (recuadro), pág.16, pág.20 (todas), pág.25 (todas), pág.26 (superior) NASA; págs.2–3, pág.26 (inferior), pág.27 U.S. Geological Survey; págs.6–7 Planet Observer/UIG Universal Images Group/Newscom; pág.11 Science Source; pág.12 (recuadro) Dmytro Gilitukha; pág.15 (superior, ambas) © Smithsonian; pág.18 RadioFan; pág.21 GE Astro-Space Division/Science Source; pág.23 (recuadro) Eric Albrecht/The Columbus Dispatch a través de AP; todas las demás imágenes cortesía de iStock y/o Shutterstock.

Library of Congress Cataloging-in-Publication Data

Names: Anderson, Rane, author. | Smithsonian Institution.
Title: Tomar fotos desde el espacio / Rane Anderson.
Other titles: Taking photos from space. Spanish
Description: Huntington Beach, CA : Teacher Created Materials, 2020. |
   Includes index. | Audience: K to grade 3.
Identifiers: LCCN 2019035393 (print) | LCCN 2019035394 (ebook) | ISBN
   9780743926966 (paperback) | ISBN 9780743927116 (ebook)
Subjects: LCSH: Landsat satellites--Juvenile literature. | Photographic
   surveying--Juvenile literature. | Cartography--Remote sensing--Juvenile
   literature.
Classification: LCC TA593 (print) | LCC TA593 (ebook) | DDC
   526.9/82--dc23

Smithsonian

Teacher Created Materials

5301 Oceanus Drive
Huntington Beach, CA 92649-1030
www.tcmpub.com

ISBN 978-0-7439-2696-6
© 2020 Teacher Created Materials, Inc.
Printed in Malaysia
Thumbprints.25941

Contenido

Visión de superhéroe

¿Te gustaría ser un superhéroe y tener una visión más poderosa que la humana? Podrías localizar una catástrofe a muchas millas de distancia. Podrías detener un incendio en un bosque. Podrías terminar con el hambre y las sequías. Bueno, puede que no tengas superpoderes. Pero igual podrías hacer todas esas cosas con la ayuda de una serie de satélites llamados Landsat.

Esos satélites tienen visión infrarroja. Eso significa que pueden ver el calor. Y eso les permite ver cosas que los seres humanos no pueden ver. Desde el espacio, los satélites toman fotografías de la superficie de la Tierra. Luego, los científicos estudian esas fotografías. Las comparan con imágenes tomadas hace semanas, meses o incluso años. Buscan señales de posibles problemas. Si los satélites encuentran un problema, un equipo de científicos e ingenieros comienza a pensar ideas para resolverlo.

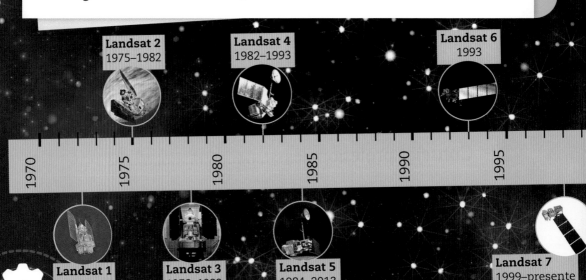

Landsat 2
1975–1982

Landsat 4
1982–1993

Landsat 6
1993

1970 1975 1980 1985 1990 1995

Landsat 1
1972–1978

Landsat 3
1978–1983

Landsat 5
1984–2013

Landsat 7
1999–presente

Esta ilustración muestra cómo el Landsat 7 toma fotos de la Tierra.

Landsat 8
2013–presente

2005 2010 2015 2020 2025

Landsat 9
2020/2021

El panorama completo

Imagina que tienes la nariz apoyada en un cuadro. ¿Qué ves? Es muy probable que no puedas describir el cuadro con mucho detalle. Estás demasiado cerca del cuadro como para tener una imagen general de él. Algunas cosas, como los cuadros, tienen más sentido si las ves desde cierta distancia. Con los pies en el suelo, estás demasiado cerca del "cuadro" de la Tierra. Desde el suelo, puedes aprender muchísimo acerca del mundo. Pero el mundo es un lugar muy grande, y solo estás viendo una parte pequeña de él. Algunas cosas que hay en la Tierra son muy difíciles de comprender si no tomas distancia.

La **detección remota** hace justamente eso. Brinda vistas de la Tierra desde gran altura. Usa satélites que están en el espacio o aviones que vuelan alto para tomar imágenes de la superficie de la Tierra. Permite a los científicos ver una porción grande del planeta de una sola vez. Eso los ayuda a hacer descubrimientos importantes.

San Diego, una ciudad de California, se ve muy diferente desde el suelo (izquierda) de lo que se ve desde el espacio (arriba).

Hay muchos satélites que giran en órbita alrededor de la Tierra y reúnen datos.

Antes de que se inventara la detección remota, había que ser creativo para tomar imágenes de la Tierra desde el cielo. Las personas ataban pequeñas cámaras fotográficas a globos, a cometas ¡y hasta a palomas!

Ponte en onda

El Sol alumbra la Tierra desde el espacio. ¿Qué sientes cuando estás afuera en un día soleado? El Sol mantiene el calor de tu cuerpo. Y también te ayuda a ver todo lo que te rodea. El calor y la luz son dos formas de **radiación electromagnética**. ¡Estas ondas de energía y de luz hacen que los satélites Landsat puedan tomar imágenes!

Hay muchos tipos de radiación que vienen del Sol. La **luz visible** es el tipo de luz que podemos ver. La **luz infrarroja**, que en general sentimos como calor, es un tipo de luz que las personas no pueden ver. Los científicos usan los dos tipos de luz para estudiar la Tierra desde el espacio.

Ambos tipos de luz se mueven en forma de ondas. Imagina que atas un cordel a una silla. Tomas el otro extremo del cordel y sacudes tu muñeca. El cordel se mueve en forma de ondas. Puedes hacer que se mueva más rápido o más lento, formando **longitudes de onda** diferentes. La luz y el calor se mueven en ondas, al igual que el cordel. Los sensores de los satélites Landsat pueden medir la longitud de las ondas. Algunas son pequeñas y otras miden millas de largo.

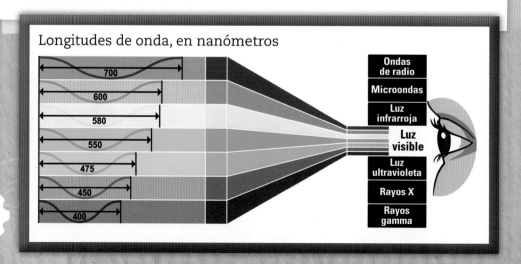

Longitudes de onda, en nanómetros

700
600
580
550
475
450
400

Ondas de radio
Microondas
Luz infrarroja
Luz visible
Luz ultravioleta
Rayos X
Rayos gamma

Esta foto muestra cómo se vería un faro bajo luz ultravioleta, un tipo de luz que el ojo humano no puede ver.

MATEMÁTICAS

Longitudes de onda

Para clasificar la luz, los científicos miden la distancia que hay entre las ondas. La luz violeta tiene las ondas más cortas que podamos ver. La luz roja tiene las más largas. La luz infrarroja tiene una longitud de onda que es aún más larga que la de la luz roja. Los sensores de los satélites Landsat reúnen esas longitudes de onda en forma de datos. Los datos se usan para hacer imágenes infrarrojas.

Los ojos de un Landsat

La luz solar parece blanca, pero en realidad es una mezcla de todos los colores. Cada color tiene su propia longitud de onda.

Piensa en la luz solar cuando ilumina una señal de alto. La señal de alto absorbe todos los colores de la luz menos el rojo. La luz roja entonces **se refleja** contra la señal de alto y tú puedes ver el color rojo. Todos los objetos de la Tierra absorben y reflejan la luz y el calor.

Los sensores de un satélite Landsat son como ojos que miran a la Tierra desde el espacio. Los sensores recorren la superficie de la Tierra. Miden las longitudes de onda que se reflejan desde la superficie. En cierto modo, cada objeto de la Tierra tiene su propia "huella digital" de calor. Una planta sana refleja ciertas longitudes de onda. Una planta enferma refleja otras longitudes de onda. El Landsat puede notar esas diferencias. Los datos pueden usarse para hacer una imagen.

luz blanca

superficie roja

La luz roja se refleja contra una superficie roja, mientras que los demás colores de la luz son absorbidos.

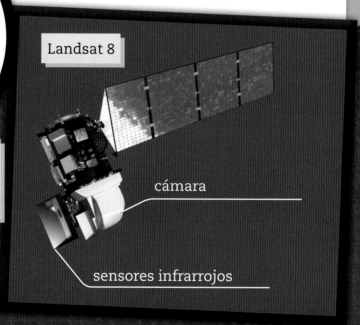

Landsat 8

cámara

sensores infrarrojos

En esta imagen de Estados Unidos, el color rojo muestra dónde crecen el pasto, los árboles, los cultivos y otras plantas.

CIENCIAS

Un experimento con la luz

Trata de hacer este experimento para ver cómo se comporta la luz. Observa una pelota de básquetbol a la luz del día. Deberías poder ver el color anaranjado. Luego, lleva la pelota a una habitación oscura. ¿Qué ves? Sin luz, no puedes ver el color de la pelota. Eso sucede porque no hay luz que se refleje en la pelota.

Poder ver el problema

Actualmente, el mundo confía mucho en las imágenes de los satélites Landsat. Se usan en todas partes para hacer todo tipo de cosas. Se usan incluso para resolver problemas reales.

¡Fuego!

Los incendios forestales son aterradores. Pueden quemar miles de acres y destruir cientos de casas. Los especialistas en manejo del suelo intentan prevenirlos. Algunos de sus métodos son riesgosos. Prenden fuego algunas partes de los bosques. Eso se llama **incendio controlado**. Algunos de estos incendios "controlados" se salen de control. Se transforman en verdaderos incendios forestales. En muchos casos, estos incendios dañan más de lo que protegen. Los especialistas necesitan encontrar una mejor manera de prevenir incendios.

Las plantas secas o muertas se prenden fuego con facilidad y arden rápido. Por lo tanto, los bosques que tienen muchas plantas secas o muertas corren mayor riesgo de incendiarse. Las imágenes de un satélite Landsat pueden ayudar a los especialistas en manejo del suelo a localizar las zonas secas de los bosques. Así, ellos pueden concentrar sus esfuerzos de prevención de incendios en esas zonas.

Un bombero usa el incendio controlado para prevenir un incendio mayor.

Esta imagen de un incendio forestal en Arizona fue tomada por el satélite Landsat 7.

Eagar

Greer

Nutrioso

Alpine

Apache National Forest

Hannagan Meadow

LANDFIRE es un programa de prevención de incendios. Depende de los datos de los satélites Landsat para localizar las zonas en las que puede producirse un incendio.

Una proeza agrícola

El **sustento** de un agricultor depende de que sus cultivos crezcan sanos. Pero a veces, los cultivos se enferman. Es posible que el agricultor solamente lo note cuando ya es demasiado tarde. Después de todo, los cultivos pueden ocupar miles de acres de tierra. No hay forma de que un agricultor pueda controlar cada rincón de sus cultivos con regularidad.

¿Quién tiene tiempo para eso? ¡Los satélites Landsat!

Con solo una imagen, un agricultor puede revisar el estado de cada cultivo. La imagen puede mostrar distintos tipos de información. Puede mostrar si los cultivos están sanos o enfermos. Un agricultor puede saber si una plaga está atacando el cultivo. O puede ver si una zona del cultivo está inundada. Al comparar las imágenes de Landsat con otras anteriores, se pueden detectar cambios en los cultivos a lo largo del tiempo.

Esta foto muestra un bosque sano.

Dos meses después, el mismo bosque fue destruido por una plaga.

polilla gitana

Explosión de colores

Los colores de las imágenes infrarrojas parecen saltar de la página. Ese efecto se busca para resaltar las partes importantes de las imágenes. Los colores que contrastan se ven mejor. El rojo muestra las partes sanas del bosque. El verde muestra las partes del bosque que fueron destruidas por las polillas gitanas. El rojo y el verde son colores que contrastan. Con solo un vistazo, es fácil saber lo que está ocurriendo.

Bosques acuáticos

La mayoría de los bosques de la Tierra son fáciles de ver. Pero ¿qué pasa si crecen en el suelo marino? Precisamente allí están los bosques de **algas** kelp gigantes. Crecen en las aguas frías del océano, cerca de las costas de todo el mundo. Las algas kelp son importantes. Son la principal fuente de alimento y refugio de muchos animales marinos.

Los científicos querían saber más sobre los bosques de kelp y su crecimiento a lo largo del tiempo. Los bosques de kelp son fáciles de ver desde arriba. Parecen pequeñas manchas verdes en medio del océano azul. Por eso, los científicos reunieron miles de imágenes tomadas por los satélites Landsat. Sin embargo, tuvieron un problema.

Había demasiadas imágenes para ver. Sería más rápido usar computadoras. Pero las computadoras no podían diferenciar entre las algas kelp y la espuma de mar. Había que filtrar las imágenes sin usar computadoras.

Los científicos pidieron ayuda al público. Pusieron todas las imágenes Landsat en un sitio web. Las personas entraban al sitio y marcaban los lugares donde veían bosques de kelp.

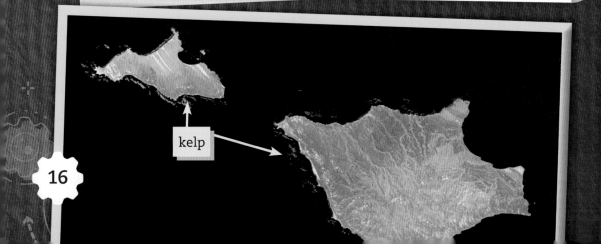

kelp

Las algas kelp pueden crecer 46 centímetros (18 pulgadas) en un día.

Fallas

El programa Landsat ha tenido mucho éxito. Ha cambiado la manera en que vemos el mundo. Pero en el camino hubo complicaciones. Los sensores fallaron. Los aparatos de radio fallaron. Un satélite se perdió. Los científicos y los ingenieros aprendieron de esos problemas. Se les ocurrieron nuevas ideas que marcaron el futuro del programa.

Landsat 4

A menos de un año de su lanzamiento en 1982, el Landsat 4 tenía ya muchos problemas. Dos de sus cuatro paneles solares estaban dañados. Y los transmisores que enviaban datos a la Tierra, el principal y el auxiliar, dejaron de funcionar. Eso significaba que el Landsat 4 no podía hablar con la Tierra. Pero sí podía hablar con otros satélites. Entonces, la NASA lanzó un satélite de retransmisión al año siguiente. El Landsat 4 ahora podía enviar sus datos al satélite de retransmisión. Luego, el satélite de retransmisión enviaba los datos a las estaciones de la NASA en la Tierra.

modelo del Landsat 4

satélite de

estación terrestre

19

El Landsat 6

   El Landsat 6 se lanzó en 1993. Pero nunca llegó a girar en órbita alrededor de la Tierra. Las tuberías que llevaban el combustible a los **estabilizadores** fallaron. El satélite no pudo llegar muy alto después del lanzamiento. De hecho, cayó de nuevo al suelo. Millones de dólares y el trabajo arduo de muchas personas se perdieron.

   Los ingenieros tenían que solucionar el problema. Primero, debían descubrir qué había salido mal. Los sensores del cohete registraron una gran sacudida justo antes de que el Landsat 6 se separara del cohete. Una sacudida en ese momento y en ese lugar significaba una cosa: hubo una explosión en la válvula de combustible.

   Como resultado, los ingenieros tuvieron que pensar en una nueva forma de construir el sistema de combustible. Tenían que buscar un diseño sencillo que no se rompiera. Después de hacer muchas pruebas, lo consiguieron.

Un ingeniero trabaja en el Landsat 7.

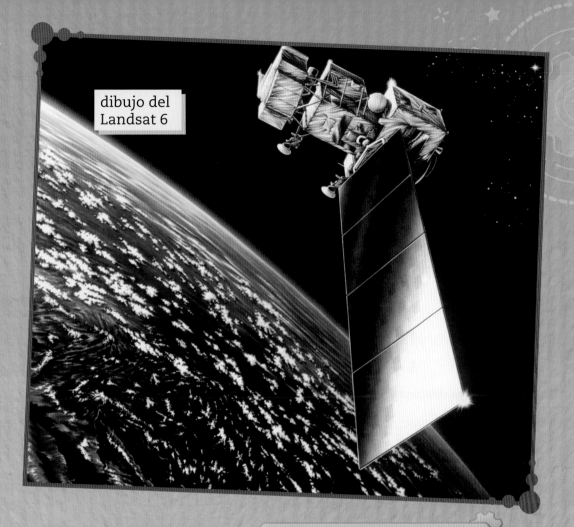

dibujo del Landsat 6

Hecha para durar

Para diseñar una nueva válvula de combustible para el siguiente Landsat, los ingenieros pensaron en lo que debía hacer una válvula. Las válvulas tenían que abrirse solo cuando era necesario y quedarse cerradas el resto del tiempo. Debían quedar cerradas durante el violento y muy caliente despegue del cohete. Debían quedar cerradas en el vacío helado del espacio. Pero debían abrirse cuando se mandaba la orden y no debían pegarse, atascarse ni explotar. Los ingenieros tenían que poner a prueba distintos diseños de válvulas hasta dar con uno que funcionara.

Floraciones de algas

Los agricultores usan fertilizantes para que sus cultivos crezcan mejor. A veces usan demasiada cantidad. Gran parte de los fertilizantes se lava con las lluvias. Esa **escorrentía** luego va a parar a los ríos y lagos. Allí, el fertilizante hace que las algas crezcan en grandes "floraciones". Estas floraciones flotan en la superficie del agua. Bloquean la luz solar y no permiten que la luz pase a través de la superficie del agua. Eso daña a las plantas y a los peces que viven en el agua. Las algas además liberan toxinas en el agua. Las toxinas pueden enfermar a las personas.

El lago Erie da agua a millones de personas. Pero esa agua no siempre está lo bastante limpia para beber. En 2014, las floraciones de algas fueron tan abundantes que la gente no pudo beber agua del grifo por tres días.

En el pasado, las floraciones de algas en el lago Erie se descontrolaron debido al **fósforo**. El fósforo es una sustancia química que se encuentra en los fertilizantes. Pero las personas habían luchado para solucionar ese problema desde hacía décadas. La escorrentía de los campos de siembra era menor que antes. Entonces, ¿por qué las floraciones de algas estaban peor que nunca?

El agua de los desagües a menudo contiene toxinas.

Estos patos nadan a través de extensas floraciones de algas.

Las algas del lago Erie llegan hasta la costa.

23

¡El Landsat al rescate!

Los científicos encontraron un nuevo método para medir las floraciones en las imágenes de Landsat. Buscaron en el **archivo** del Landsat 5. Obtuvieron viejas imágenes del lago tomadas durante un período de 30 años, aproximadamente. Luego, usaron el nuevo método en esas imágenes viejas del lago. Esto ayudó a los científicos a ver el problema de las algas de una forma nueva.

Resulta que, con el tiempo, el fósforo se había depositado en la arena y el lodo del fondo del lago. Estuvo enterrado la mayor parte del tiempo, así que no se mezcló con el agua. Pero, a veces, el fósforo que estaba en la arena del fondo quedaba expuesto y se mezclaba con el agua. Eso fue lo que volvió a provocar las floraciones de algas. ¡El misterio quedó resuelto! La buena noticia es que el lago volverá a la normalidad con el tiempo. Al menos, mientras la escorrentía se mantenga limpia.

En esta laguna se producen floraciones de algas debido a la escorrentía que llega de un campo cercano en el que se usan fertilizantes.

Esta fotografía de una floración de algas en el lago Erie fue tomada por el Landsat 8.

El Landsat 5 figura en el libro Guinness de los récords como el satélite de observación terrestre que más tiempo estuvo en funcionamiento. Operó durante 28 años y 10 meses.

La próxima generación

El legado de la serie de satélites Landsat continuará. ¡Para 2020, se prepara el lanzamiento del modelo número nueve!

La NASA aún lamenta la pérdida del Landsat 6. Durante seis años, el viejo modelo 5 estuvo en órbita solo. Ese período fue peligroso. El Landsat 5 podría haber dejado de funcionar. Eso habría dejado al mundo sin acceso a los datos del satélite.

La NASA quiere que el Landsat 9 esté en órbita y funcionando lo antes posible. Para ahorrar tiempo y dinero, el Landsat 9 será gemelo del Landsat 8. Su diseño será casi igual. Pero el Landsat 9 tendrá algunas mejoras. Podrá tomar más de 700 imágenes de la Tierra por día. El Landsat 8 solamente puede tomar 550 imágenes. Los gemelos trabajarán en equipo. Pasarán por los mismos lugares, pero en momentos distintos. ¡O sea que uno de los dos satélites pasará por el mismo lugar de la Tierra cada ocho días! Eso significa que habrá más datos y más información nueva. ¡Y también significa que habrá más oportunidades de que los Landsat vengan al rescate!

23 ag. 24 ag. 25 ag.

Estas imágenes de Landsat muestran al huracán Harvey mientras avanza y luego se detiene sobre Texas en 2017.

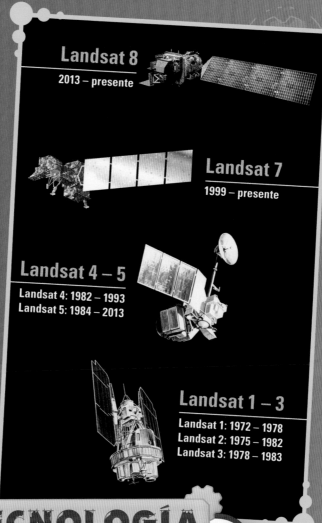

Landsat 8
2013 – presente

Landsat 7
1999 – presente

Landsat 4 – 5
Landsat 4: 1982 – 1993
Landsat 5: 1984 – 2013

Landsat 1 – 3
Landsat 1: 1972 – 1978
Landsat 2: 1975 – 1982
Landsat 3: 1978 – 1983

TECNOLOGÍA

Planificar con tiempo

Es demasiado costoso diseñar los satélites Landsat con el método de prueba y error. Por lo tanto, los ingenieros usan herramientas para poner a prueba sus diseños. Prueban modelos de las distintas partes del satélite. Pueden probar cómo reaccionan esas partes a cosas como la temperatura. Los modelos son una manera segura y económica de asegurarse de que los diseños funcionen.

modelo del Landsat 9

27

DESAFÍO DE CTIAM

Define el problema

Los científicos usaron las imágenes del lago Erie tomadas por el Landsat 5 para ver los efectos de las floraciones de algas. Ahora, quieren reunir más datos en el lago mismo. Tu tarea es diseñar y construir una torre para sujetar una cámara fotográfica. La cámara tomará muchas imágenes por día. Estudiar esas imágenes puede ayudar a los científicos a encontrar soluciones al problema.

Limitaciones: Solo podrás usar periódicos y cinta de enmascarar para construir la torre. La parte de arriba debe tener una plataforma para apoyar una lata vacía de 12 onzas, que representará a la cámara.

Criterios: Tu modelo debe poder soportar el peso de la lata durante 30 segundos.

Investiga y piensa ideas

¿Cómo han usado los científicos las imágenes de Landsat? ¿Por qué fue útil observar imágenes del lago Erie tomadas desde arriba? ¿En qué parte deben ser más fuertes las torres?

Diseña y construye

Bosqueja tu diseño. ¿Cómo diseñarás la base? ¿Cómo conseguirás que la torre sea alta y a la vez estable? Construye el modelo.

Prueba y mejora

Coloca la lata en la plataforma durante 30 segundos. ¿Funcionó? ¿Cómo puedes mejorar tu torre? Modifica tu diseño y vuelve a intentarlo.

Reflexiona y comparte

¿Puedes hacer una torre más alta? ¿Qué otros materiales puedes usar? ¿Se te ocurren otras formas en que los científicos pueden monitorear el lago?

Glosario

algas: plantas simples y organismos similares que suelen crecer en el agua

archivo: un lugar donde se guarda información histórica

detección remota: una manera de obtener imágenes de una parte de la superficie terrestre desde un satélite o desde un avión que vuela alto

escorrentía: el agua de lluvia o de nieve que corre por el suelo

estabilizadores: partes que sirven para mantener estable la dirección de un cohete

fósforo: una sustancia química blanca o amarilla que brilla en el aire húmedo

incendio controlado: un incendio provocado para prevenir incendios peores

longitudes de onda: las distancias entre el punto más alto de dos ondas

luz infrarroja: un tipo de luz que no se puede ver

luz visible: las longitudes de onda que la mayoría de los seres humanos pueden ver

radiación electromagnética: una serie de ondas que incluye la luz visible, las ondas de radio, los rayos gamma y los rayos X

satélite de retransmisión: un satélite que recibe información y la envía a un lugar nuevo

se refleja: lo que sucede cuando la luz, el calor o el sonido rebota en una superficie y cambia de dirección

sustento: la manera de mantenerse económicamente a uno mismo y a su familia

Índice

CONSEJOS PROFESIONALES
del Smithsonian

¿Quieres estudiar la Tierra?
Estos son algunos consejos para empezar.

"Las personas que estudian el clima, los desastres naturales, los recursos naturales y el uso del suelo utilizan las imágenes de los satélites Landsat. Pero no son solo los científicos los que miran estas imágenes. ¡Es muy probable que tú también las hayas usado! ¿Alguna vez has usado Google Maps? Las imágenes de los satélites Landsat se usan para muchos programas que brindan mapas". —**Jim Zimbelman, geólogo**

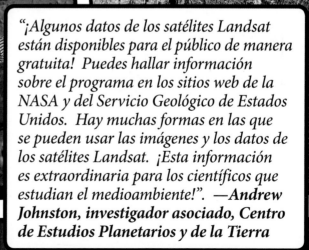

"¡Algunos datos de los satélites Landsat están disponibles para el público de manera gratuita! Puedes hallar información sobre el programa en los sitios web de la NASA y del Servicio Geológico de Estados Unidos. Hay muchas formas en las que se pueden usar las imágenes y los datos de los satélites Landsat. ¡Esta información es extraordinaria para los científicos que estudian el medioambiente!". —**Andrew Johnston, investigador asociado, Centro de Estudios Planetarios y de la Tierra**